DOMINA EL ARTE

PINTURA

Anthony Hodge

Traducción: Adryana Pérez de la Espriella

PANAMERICANA
EDITORIAL

CONTENIDO

Hodge, Anthony
Domina el arte, pintura / Anthony Hodge; ilustraciones Ron Hayward;
traducción Adryana Pérez. — Bogotá : Panamericana
Editorial, 2005.
    32 p. : il. ; 29 cm. — (Domina el arte)
    ISBN 958-30-1837-6
1. Pintura – Enseñanza elemental 2. Arte – Enseñanza elemental
3. Retratos – Enseñanza elemental 4. Composición (Arte) – Enseñanza
elemental I. Hayward, Ron, il. II. Pérez, Adryana, tr. III. Tít. IV. Serie
I372.52 cd 20 ed. AJE1097

    CEP-Banco de la República-Biblioteca Luis Ángel Arango.

Editor
Panamericana Editorial Ltda.
Dirección editorial
Conrado Zuluaga
Edición
Javier R. Mahecha López
Traducción
Adryana Pérez de la Espriella
Ilustraciones
Ron Hayward Associates
Pinturas
Anthony Hodge
Diseñador
Phil Kay
Primera edición en Gran Bretaña por Aladdin Books, 2005
Primera edición en Panamericana Editorial Ltda., noviembre 2005
© Aladdin Books
2/3 FITZROY MEWS, London W1T 6DF
© Panamericana Editorial Ltda.
Calle 12 No. 34-20 Tels.: 360 3077 - 277 0100
Fax: (57 1) 237 3805
Correo electrónico: panaedit@panamericanaeditorial.com
www.panamericanaeditorial.com
Bogotá, D.C., Colombia
ISBN 958-30-1837-6
Impreso por Panamericana Formas e Impresos S.A.
Calle 65 No. 95 - 28, Tels.: 430 2110 - 430 0355, Fax: (57 1) 276 3008
Quien sólo actúa como impresor.

Impreso en Colombia   Printed in Colombia

Introducción

"Un artista no es un tipo especial de persona, pero toda persona sí es un tipo especial de artista".

           **Coomaraswam~
           escritor y artist:**

Este libro te ofrece una serie de ideas y técnicas que te ayudarán a expresarte por medio de la pintura. La pintura es un área en la que todos tienen la misma importancia, porque el trabajo de cada persona es único. Algunos pueden tener ojo para los detalles; otros se forman una impresión del mundo. Estas diferencias se reflejan en la manera como pintas.

Libertad para experimentar

Los proyectos de este libro abarcan una gran gama de pinturas. Comenzaremos con las herramienta y materiales, mezcla de color, y conocimientos prácticos. Después, una serie de proyectos introducirá las maneras de emplear estas técnicas y te animarán para expresa tus propias ideas.

Lo que necesitas

Debes usar ropa vieja porque puede que te salpiques con la pintura. También necesitarás periódico o una hoja usada para cubrir la superficie en la que estás trabajando o para poder llevar tu obra al lugar donde vayas a secarla. Si utilizas pinturas al óleo, requerirás solventes y trapos junto con jabón y agua para limpiar tus pinceles.

▲ "Aquí puedes ver los detalles del paisaje marino que pinté. Incluso cuando pintas tomando como base la vida real, es importante sentirte libre de experimentar e incorporar las ideas de tu imaginación.

Sigue tus impulsos y observa hacia dónde te conducen. Algunas de las mejores ideas pueden llegarte cuando menos lo esperas. Entonces, mantén tu mente abierta, relajada y, sobre todo, asegúrate de disfrutarlo".

3

Herramientas y materiales

La mayoría de pinturas se aplican con pinceles, pero existen otras formas de hacerlo. Reúne algunos pinceles y otros implementos de trazo como esponjas y palillos y prepárate para experimentar.

Una buena paleta es una herramienta importante para mezclar tus colores y debe ser suficientemente grande para hacerlo. Vale la pena comprar una paleta de madera en una tienda de arte. Las paletas de madera seca son fáciles de limpiar; las de plástico o cualquier superficie no absorbente podrían funcionar.

La pintura para afiches son aguadas económicas. Éstas vienen en frascos o cajas de pintura: asegúrate de impregnar una buena cantidad de color en tus pinceles.

¿Qué pintura es mejor?

Las pinturas de color contienen pigmentos (polvos de color), la mayoría extraídos de la tierra y mezclados con materiales aglomerantes para realizar diferentes labores. Ya te acoplarás a una pintura en particular o cambiar de una a la otra. Otros tipos de pintura que no se muestran aquí son las emulsiones, las témperas y los esmaltes.

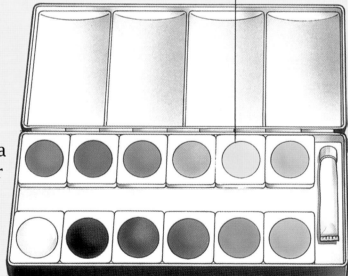

La pintura acrílica tiene como base el plástico. Ésta puede utilizarse diluida como la acuarela, o viscosa como los aceites; como se seca muy rápido, ten precaución de no sacar mucho del tubo.

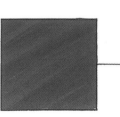

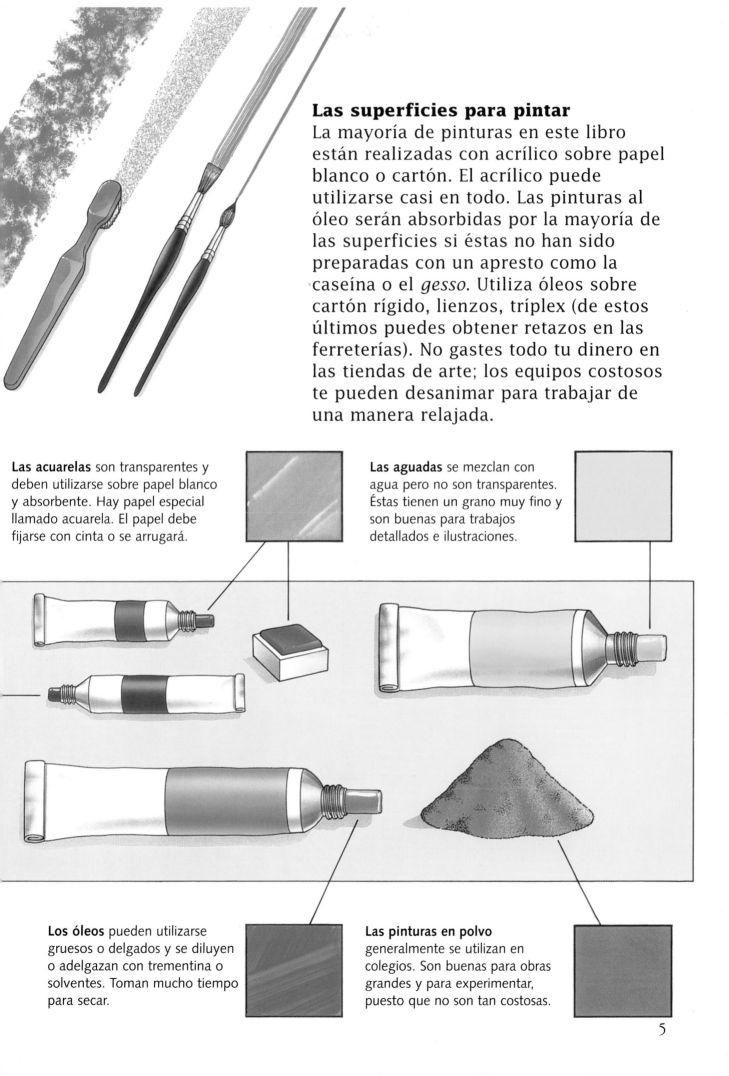

Las superficies para pintar

La mayoría de pinturas en este libro están realizadas con acrílico sobre papel blanco o cartón. El acrílico puede utilizarse casi en todo. Las pinturas al óleo serán absorbidas por la mayoría de las superficies si éstas no han sido preparadas con un apresto como la caseína o el *gesso*. Utiliza óleos sobre cartón rígido, lienzos, tríplex (de estos últimos puedes obtener retazos en las ferreterías). No gastes todo tu dinero en las tiendas de arte; los equipos costosos te pueden desanimar para trabajar de una manera relajada.

Las acuarelas son transparentes y deben utilizarse sobre papel blanco y absorbente. Hay papel especial llamado acuarela. El papel debe fijarse con cinta o se arrugará.

Las aguadas se mezclan con agua pero no son transparentes. Éstas tienen un grano muy fino y son buenas para trabajos detallados e ilustraciones.

Los óleos pueden utilizarse gruesos o delgados y se diluyen o adelgazan con trementina o solventes. Toman mucho tiempo para secar.

Las pinturas en polvo generalmente se utilizan en colegios. Son buenas para obras grandes y para experimentar, puesto que no son tan costosas.

5

Encuentra tu manera

Una parte muy importante de la pintura es disfrutar utilizando los materiales. Este proyecto demuestra que los materiales pueden hacer más que tú. Simplemente observa lo que sucede y no seas tan crítico contigo mismo.

Necesitarás un pedazo grande de papel, pinturas, pinceles y herramientas que reuniste anteriormente para hacer trazos.

Haz trazos

Este proyecto consiste en realizar varios tipos de trazos. Con diferentes herramientas puedes producir goteados, borrones, huellas, garabatos o cualquier otra cosa. Utiliza diferentes tipos de pinceles, gruesos y delgados, tus dedos, espátulas, o incluso un cepillo de dientes.

Sobre tus trazos

Los trazos que haces a veces parecen cosas reales. Algunas herramientas son buenas para crear hojas, otras para crear nubes, y así sucesivamente. Los trazos de esta página se asemejan al follaje, al pasto y las flores. Llena una página con diferentes trazos y escoge aquellos que te recuerden cosas reales. Utiliza estos trazos como parte de otra pintura, empleando los colores apropiados.

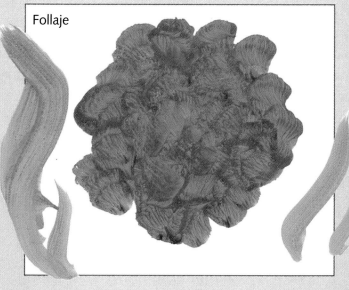

Follaje

Pasto

Flores

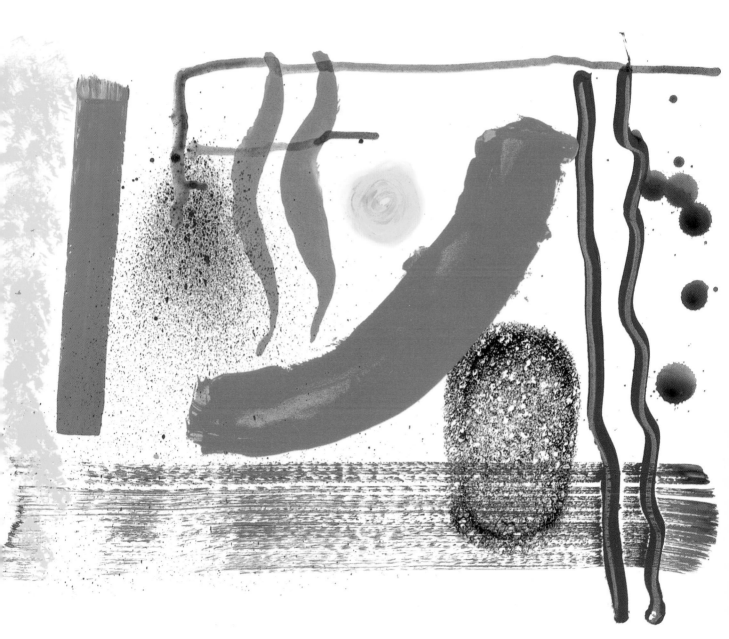

▲"Arriba hay una variedad de trazos que hice utilizando colores de forma aleatoria, al igual que empleé tantas herramientas como pude encontrar. Intenta adivinar con qué herramienta se hizo cada trazo. Cuando hayas experimentado con esto, escoge colores que se adapten a diferentes trazos en particular, o haz todo el proyecto en un solo color".

¿Lento o rápido?

El tipo de pintura que se utilizó aquí fue el acrílico, pero puedes usar lo que quieras o intentar diferentes tipos de pintura combinados. No esperes una pintura "perfecta", sólo concéntrate en los diferentes efectos que puedes producir. En esta etapa, los trazos "no significan" nada, aunque algunos parezcan rápidos y otros lentos. Algunos serán suaves, y otros ásperos. Observa cómo las distintas herramientas, como un pincel suave o una espátula dura, hacen que la pintura se comporte de diferentes maneras. Intenta adelgazar tus pinturas.

Colores puros

Este proyecto te dará la oportunidad de familiarizarte con los colores y de practicar utilizándolos en su forma más pura sin mezclarlos.

Si miras alrededor, observarás que existen todo tipo de colores: brillantes, opacos, algunos fáciles de nombrar y otros desconocidos. Ciertos pintores evitan mirar las cosas de la realidad y simplemente trabajan según su imaginación; otros prefieren pintar lo que ven.

Escoge tu tema

Reúne objetos que coincidan en su color lo más cerca posible a los seis colores puros del círculo de color (derecha abajo). Encuentra algo rojo, azul, verde, amarillo, naranja y morado. También debes incluir un fondo; puede ser un color brillante o un papel de color. Organiza tus objetos en un grupo, de manera que puedas verlos claramente y que no se sobrepongan demasiado. Haz coincidir los colores con tus temas.

Los colores brillantes te pueden gustar tanto que te habituarás a pintar las cosas más brillantes de lo que realmente son.

Mantén los colores limpios cuando estés pintando; utiliza un pincel limpio para cada color.

▼ "Para la pintura de abajo realicé un simple boceto en lápiz y dediqué algún tiempo para decidir dónde irían los colores. Observa que algunos de los trazos son similares a aquellos que hice en la página anterior. Haz esto y escoge el que más te guste".

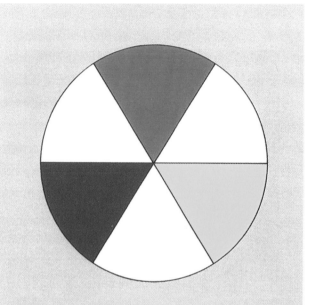

Colores primarios
Aquí están los tres colores primarios y su posición en el círculo de color. Existen muchos tipos de rojos, amarillos y azules pero los primarios son los colores más puros.

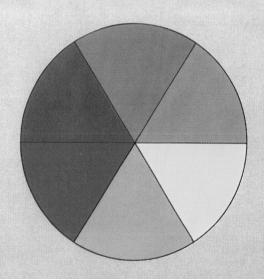

Colores secundarios
Aquí están los primarios con sus vecinos: naranja, verde y morado. Éstos son los colores secundarios que resultan de la mezcla de dos primarios de cada lado. Pinta tu círculo de color.

Mezcla de colores

Los colores puros utilizados en la página anterior pueden dividirse en dos pares opuestos o complementarios. Éstos son rojo y verde, amarillo y morado, azul y naranja. El blanco y el negro también son opuestos. Algunos cuadros se pintan con dos complementarios, y se crean nuevos colores al mezclarse de diferentes maneras. Generalmente, los paisajes se describen en rojo y verde. Estos dos colores se utilizan en la pintura de la página opuesta.

Paisajes con pares de colores

Diferentes pares de colores son apropiados para una estación del año en particular. Por ejemplo, los colores del otoño contrastan con los de la primavera; el invierno podría verse en blanco y negro. ¿Podrías pensar en otros temas que coincidan con pares de colores complementarios en particular? Recuerda que cada color, aunque sea muy sutil, tiene su propio complementario.

Pinta un paisaje sencillo con un par de colores complementarios mezclados con blanco. No necesitas muchos colores para pintar un cuadro con un ambiente interesante. Realiza diferentes tipos de trabajo con pinceladas gruesas y delgadas, rápidas y lentas, para lograr diferentes efectos.

¿Adentro o afuera?

Si disfrutas pintar la vida cotidiana, ve en búsqueda de un tema o simplemente pinta la vista de tu ventana, o incluso un lugar que recuerdes en tu memoria o que sea fruto de tu imaginación. Comienza a mezclar algunos colores en la paleta; mantenlos separados y frescos.

▶ "En la pintura de la derecha utilicé un color puro en el primer plano (la parte de la pintura que parece estar más cerca del observador), y mezclas de rojo y verde para los árboles. Para el cielo, la carretera y el pasto en la distancia, le añadí blanco. Primero hice un boceto en lápiz, luego mezclé mis colores cuidadosamente antes de pintar".

	Amarillo y morado			Naranja y azul			Rojo y verde		
1	●	+ ●	= ●	●	+ ●	= ●	●	+ ●	=
2	●	+ ○	= ●	●	+ ○	= ●	●	+ ○	=
3	○	+	= ○	●	+	= ●	●	+ ●	=

Pares de opuestos

Pintados de lado a lado, los colores opuestos realzan o enfatizan lo mejor de cada uno. Cuando se mezclan producen combinaciones interesantes. Los colores mezclados con blanco se tornan más sutiles. Si pares de opuestos se mezclan y se les agrega blanco, éstos producen sombras de gris.

El blanco tiene el efecto de hacer que los colores se vuelvan más suaves y menos brillantes, con excepción de las acuarelas. Con las acuarelas, el carácter sutil se obtiene utilizando diferentes cantidades de agua para diluir el color. Cuando rodeas el blanco con un color puro, éste aparecerá matizado con el complementario del color puro. Inténtalo y verás.

Brillo, tono y tonalidad

Aprender acerca de los colores es casi como aprender un nuevo idioma. Si las primeras páginas de este libro te parecieron un trabajo difícil, tómalas como un aprendizaje de un nuevo vocabulario para que puedas expresarte con confianza en un futuro.

Todos los colores tienen tres cualidades: brillo, tono y tonalidad. El brillo u opacidad de un color se compara con una nota musical alta o baja. El tono se refiere al grado de claridad u oscuridad de un color. Una nota musical tiene el equivalente en sonido alto o bajo. Por último, cada color también tiene una tonalidad, la cual equivale a la nota musical. La tonalidad es el color que queda una vez las diferencias de tono y brillo se remueven; es decir, la tonalidad es su intensidad lumínica.

Ver la tonalidad

La idea de este proyecto consiste en producir un cuadro en el que el tono y el brillo de todos los colores sean lo más parecido posible. Lo que verás, entonces, será la tonalidad. Primero escoge y mezcla tus colores; obsérvalos en la paleta y cámbialos hasta que tengan el mismo tono. Utiliza el negro para oscurecer o apagar los colores, si se ven muy brillantes o claros. Mantén los colores limpios y planos, y arregla tu composición. Si dispones los colores del mismo tono y brillo, uno al lado del otro (abajo), éstos parecen brillar y bailar enfrente de tus ojos.

Juega con las escalas de color

El brillo, tono y tonalidad se ilustran en las escalas de color abajo. En la parte superior la escala de brillo demuestra una progresión desde lo brillante hasta lo opaco. La escala media muestra los tonos de claro a oscuros.

La última escala es una progresión del color rosado al verde en el mismo tono y brillo para demostrar la tonalidad. El negro se incluye aquí como una manera de hacer colores más oscuros en tono, y menos brillantes.

Brillo

Tono

Tonalidad

◀"Para mantener limpios los colores de los pinceles por separado, yo los dispongo con los pelos hacia arriba en una lata con huecos en la tapa, o puedes utilizar un contenedor lleno con viruta de alambre".

El negro también puede utilizarse como color. Como el blanco, éste puede ser afectado por los colores que lo rodean. Algunos pintores utilizan líneas de negro para separar los colores en sus pinturas, como en un vitral. Esto puede darle orden a una imagen caótica.

Hazlo ver "real"

Siempre emociona al lograr que tu pintura parezca real. Si estás pintando una manzana, ¿cómo podrías hacerla ver sólida, fresca y suficientemente buena para comer?

Una de las maneras de hacer que tus pinturas parezcan reales es examinar cómo cae la luz sobre tu objeto. Puesto que el Sol atraviesa el cielo y las sombras vienen y van, la apariencia de tu objeto puede cambiar notablemente. El mundo cambia a medida que tratas de capturarlo, especialmente afuera en un día soleado.

Observa cuidadosamente

Busca un objeto de color simple; una manzana o una naranja. Observa cómo la tonalidad, los tonos y brillos cambian a medida que lo mueves. Conoce tu objeto bajo el efecto de todas las luces, y familiarízate con su forma y sus colores. Ubica tu objeto de manera que le caiga luz fuerte desde alguna dirección. Pinta tu objeto en tu mente antes de comenzar y luego haz tres pinturas, cada una mostrando un efecto diferente de luz y sombra. La luz debe mostrarse de frente, de lado, y por atrás.

La luz proviene del frente

La luz proviene del lado

Pinta en tercera dimensión

Algunos pintores sienten que la sombra de un objeto puede ser representada por el complementario del color que está a la luz. Para maximizar el efecto de tercera dimensión, intenta con diferentes colores en la imagen y las sombras.

▼ "Mis ejemplos abajo muestran la misma manzana con tres efectos de luces diferentes. Los colores se oscurecen gradualmente y se tornan más azules a medida que las sombras se profundizan. Haz tu dibujo de tamaño natural o más grande, de manera que pueda demostrar realmente lo que está pasando sin centrarte en detalles más pequeños".

La luz proviene de atrás

Cambia de lugar la luz

Los diagramas de arriba demuestran los efectos de la luz proveniente de diferentes direcciones sobre una forma redonda. Para reproducir este efecto deben mezclarse los colores. Así como la luz cambia hacia sombra, los colores lo hacen de la misma manera. Practica estos cambios en un pedazo de papel por separado, antes de comenzar tu pintura.

Retratos

"¡Por qué no pueden ser como una manzana!", debió gritarles Cézanne a las personas cuando estaba pintándolas. Una cabeza puede ser como una manzana, pero aquella tiene expresiones y no le es fácil mantenerse quieta ni verse siempre igual.

Comienza a trabajar

En este proyecto debes pintar un retrato. Pídele a alguien, a quien no le importe que tu pintura se parezca o no, que pose para ti. Asegúrate de que tu personaje esté cómodo y relajado.

Paso a paso

Tómate tu tiempo para ver bien a tu personaje. Primero, dibuja la forma simple de la cara en lápiz (1) y luego con una pintura muy delgada (2) traza las líneas para los rasgos, como se muestran en el diagrama abajo. Dibuja suavemente los ojos, orejas, nariz, boca y pelo.

Observa detenidamente el color de la piel, del pelo, de la ropa y del fondo.

Establece el ambiente

Mezcla los colores que necesites. Estos, más que cualquier otra cosa, ambientarán tu pintura. Cuando te sientas satisfecho con tu pintura, aplícale áreas planas de color (3) y dale profundidad y solidez a tu retrato, resaltando con luces y sombras sobre los colores planos (4).

▶"Mis ejemplos muestran las cuatro etapas descritas arriba. La luz está brillando sobre la cara por un lado, y yo le di luz y sombra a las áreas de acuerdo con esto. No temas cambiar tu pintura a medida que vas trabajando. El carácter de tu personaje también se aclarará gradualmente. Es importante no agregar mucho detalle en las etapas iniciales, puesto que posteriormente te resistirás a corregir áreas que necesitan mejorarse".

Proporciones de la cabeza

El dibujo de la derecha muestra las proporciones promedio de la cabeza. Un aspecto que te puede sorprender es que los ojos están a la mitad de la cabeza y no más arriba. La parte de abajo se divide nuevamente a la mitad en donde termina la nariz, y nuevamente a la mitad, en la boca. La segunda imagen muestra la misma cabeza de perfil, vista lateralmente.

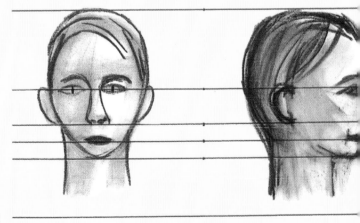

1

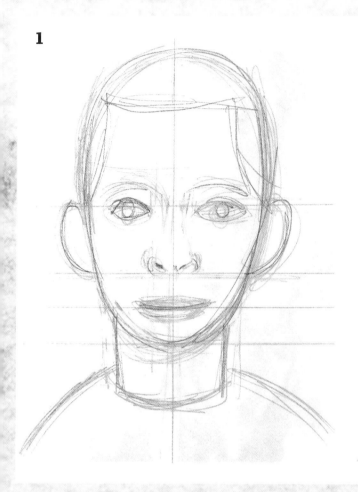

2

3

4

17

Ambiente y sensación

Esta página se dedica a expresar sensaciones con tu pintura. Tus pinturas deben comunicar emociones fáciles de reconocer por quienes observan tu trabajo. Imagínate que te encuentras con un extraterrestre que es incapaz de experimentar emociones. Tus pinturas deben expresar estas cosas desconocidas para ella (o él o eso).

Haz lo invisible visible

La pintura, como la música, tiene el poder de comunicar felicidad, tristeza, calma, cólera. Decide qué emoción quieres expresar primero; te ayudará si tú mismo te pones en el ambiente, tal vez escuchando alguna música apropiada.

▲ Felicidad

▼ Emoción

Sé un conductor de energía

Déjate embargar por la emoción que escogiste. ¿Qué colores y formas vienen a tu mente? No existe una forma buena o mala para hacerlo. Una vez hayas finalizado, intenta una emoción diferente: tristeza o aburrimiento tal vez. Si alguna vez te sientes aburrido, es el momento propicio para pintar ¡las pinturas más aburridas que puedas!

◄▲"Mis pinturas muestran dos grupos de emociones opuestas. Algunos pares de adjetivos que puedes intentar son: rabioso y calmado, relajado e incómodo; amigable y hostil; extravagante y ordinario. Piensa en otros pares".

18

▲ Infelicidad

▲ Tranquilidad

Ambiente, forma y color

No existen reglas estrictas en torno a relacionar colores con sentimientos en particular. El azul generalmente se asocia con tristeza, pero también puede indicar tranquilidad; el naranja puede asociarse con alegría, pero también con rabia; el amarillo puede ser cálido como el Sol. Las formas también expresan ambientes y emociones. Un triángulo sostenido firmemente sobre el piso puede transmitir estabilidad o esperanza. Un rectángulo puede transmitir calma o limitación; un círculo puede aparentar movimiento y transmitir un significado de totalidad o aislamiento. Una estrella puede parecer una explosión con vitalidad. ¿Qué colores encajan mejor con cada una de estas formas?

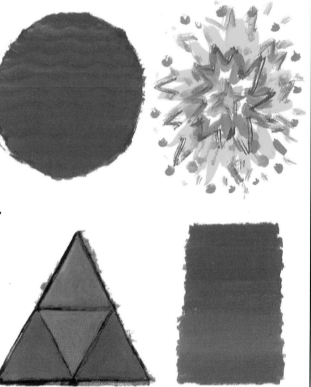

Exprésate

Los artistas pintan autorretratos por todo tipo razones, pero una de las más obvias es que nuestra cara siempre está cuando la necesitamos. Observa detenidamente en el espejo la forma de tu cara. ¿Es redonda, ovalada, cuadrada o con forma de corazón? Pregúntate qué tipo de persona eres. ¿Eres alegre o triste? ¿Gritas mucho o eres muy callado? ¿Te gusta hacer las cosas rápido o te tomas tu tiempo? Intenta combinar la observación cuidadosa y la expresión de tus emociones en un autorretrato, utilizando algunas de las ideas de los proyectos anteriores.

Comienza

Fija tu papel o cartón sobre un caballete, o apóyalo contra una pared o el espaldar de un asiento frente a un espejo y ubícate de manera que puedas mirar tu pintura sin tener que mover mucho tu cabeza. Haz un boceto como lo hiciste anteriormente, estableciendo las proporciones de tu cara. Mezcla los colores hasta que estés satisfecho de lo que éstos representan.

Muestra cómo te sientes

Realiza varias pinturas de ti mismo en diferentes estados de ánimo, y así mismo cambia tus colores y la forma de disponerlos sobre la pintura. Después de la primera pintura a lo mejor querrás prescindir del espejo y decidas pintar tu "yo interior" según tu imaginación.

▲ "Estos tres retratos utilizan color para transmitir estados de ánimo. Este niño en sombras de rosado se ve amable y pensativo.

Rasgos y expresiones

Aquí encuentra la misma cara con tres expresiones diferentes: brava, asustada y perpleja. Estas emociones se transmiten a través de la forma de la boca y de los ojos. Las cejas, el pelo, la nariz y los oídos también expresan emoción. Las líneas y formas hacia arriba se ven amables, llenas de vida; hacia abajo, se ven tristes o violentas. Para mostrar perplejidad, las líneas deben apuntar hacia ambas direcciones.

▲ "He intentado transmitir el aspecto andrajoso y el estado del humor de este niño utilizando colores brillantes y pinceladas accidentadas".

▲ "Mi tercer modelo parecía ansioso y triste. Escogí colores oscuros y los apliqué con pinceladas nerviosas y raspadas".

Imaginación

Imaginación significa hacer imágenes. Utilizándola, puedes crear imágenes o cosas que no podrían pasar en la vida real (o no con frecuencia). A través de la pintura puedes crear un mundo extraño, mágico, impactante o simplemente loco.

Combinaciones inusuales

Cuando dos temas no relacionados se plasman en una pintura, éstos pueden crear algo completamente nuevo. La ilustración de la derecha muestra un hombre y un árbol. En la pintura opuesta las mismas ideas se unieron para realizar el hombre-árbol que puedes ver en el fondo.

Imagínate pinturas

Una forma de captar ideas para una pintura de este tipo es escribirlas tan pronto como se te ocurran. Mantenlas en pedazos de papel por separado dentro de una bolsa.

Saca las ideas por pares de tu bolsa. ¿Qué imagen viene a tu mente cuando ves dos palabras juntas? ¿Cómo podrían relacionarse? Practica y encuentra en tu mente tantos detalles como te sea posible antes de comenzar a pintar.

Cambia paso a paso

Combinar dos cosas para obtener una tercera puede ser el punto de partida de una serie completa de pinturas. En la página opuesta, puedes ver cómo, paso a paso, un hombre puede convertirse en un tigre. Este proceso se llama transformación o metamorfosis.

Intenta imaginar cuál sería la secuencia si el hombre estuviera transformándose en un árbol, como se muestra en la pintura principal. Hay muchas otras formas de utilizar tu imaginación. Los sueños te ofrecen poderosas imágenes. ¿Recuerdas algunos de tus sueños?

Composición

Composición significa organizar las cosas. Si pruebas los ingredientes de un pastel uno por uno, no es lo mismo que probar el pastel como un todo. De la misma manera, tu pintura está compuesta de diferentes ingredientes. Dentro de ésta, las formas de color y áreas claras y oscuras tienen que funcionar entre sí de manera que la pintura pueda verse como un todo.

Inténtalo
Una buena forma para practicar composición es hacer un *collage*. Rasga papeles de colores en formas y organízalos con un sentido de unidad antes de pegarlos.

Rasga tus ideas
Un buen tema para practicar esta técnica son las personas en acción. Busca en periódicos o revistas hasta encontrar una imagen que te guste. Luego, elabora tu propio *collage*, con base en la fotografía. No fijes nada hasta tanto hayas experimentado con tus ingredientes en diferentes posiciones.

▶ "Mi composición es triangular. Tus ojos se dirigen al balón hacia arriba como lo hacen los de los jugadores de fútbol. Los pedazos de color para los brazos y piernas no parecen muy reales, pero desempeñan un papel importante en el todo".

Un viaje excitante
Las composiciones generalmente se basan en formas como el triángulo o el círculo. Deja que tus ojos sigan el movimiento de la composición. En la imagen del equipo, tus ojos pueden mirar a lo largo de las filas de cabezas o moverse en zigzag entre ellas. En la imagen de abajo del salto, brinco e impulso, observa las formas y los movimientos de acción de las figuras.

Perspectiva

La perspectiva, que significa "mirar a través", es una forma de crear la ilusión de un espacio tridimensional sobre una superficie plana, en una pintura. La perspectiva da la sensación de profundidad y distancia a una pintura, y la impresión de que estamos mirando a través de una ventana.

Logra el ángulo correcto

Lograr la perspectiva depende de definir bien los ángulos. No es fácil obtener el ángulo de una construcción o de una mesa de manera perfecta. No abandones la idea de ser bueno en artes, si encuentras difícil dominar esta técnica. Existen muchos otros aspectos de la pintura que puedes disfrutar.

Fondo

Plano medio

Primer plano

Crea distancia

Existen por lo menos cuatro formas diferentes de mostrar que una cosa está detrás o enfrente de la otra (en perspectiva); muchas pinturas combinan algunas de estas formas, aunque otras no utilizan ninguna. Para el pintor, tal vez, la forma más apropiada de retratar la distancia es con el color.

◄"El cielo en mi pintura de la página opuesta muestra que un azul fuerte puede parecer estar frente a un azul más pálido y delgado, a medida que se difumina hacia el horizonte. Apliqué vigorosamente los colores más brillantes en el primer plano y en el plano medio".

Los colores más oscuros tienden a irse hacia atrás o retroceder en el espacio. Los colores más claros y brillantes tienden a venirse hacia adelante. Piensa cómo los rayos de un sol amarillo salen del fondo de un cielo azul.

Los contrastes más fuertes en tono deberían estar en el primer plano. Los colores en un paisaje parecen más azules y misteriosos a medida que se hacen más lejanos, y este mismo efecto puede lograrse en la pintura. Para enfatizar el retroceso de los colores en el espacio, utiliza pinturas más delgadas en el plano medio y en el fondo. Pinta un paisaje y prueba estas teorías.

Un sentido de espacio

El primer diagrama es un ejemplo de perspectiva lineal. Las líneas que corren paralelas en el mundo real parecen encontrarse en un punto en el horizonte llamado punto de fuga; el segundo diagrama es un ejemplo de sobreposición. La montaña que bloquea parte de la otra montaña debe estar enfrente de ésta; la figura las enmascara y está más cerca a ti. En el tercer diagrama, las líneas y los tonos más oscuros y fuertes parecen enfrente de las líneas más suaves y lentas.

Lineal

Sobreposición

Tonal

Diferentes maneras de ver

Hace mucho tiempo, las civilizaciones antiguas veían el mundo de diferentes maneras a como hoy día nosotros en Occidente. Las culturas persa, hindú, egipcia y china han evolucionado en sus tradiciones artísticas que reflejan sus propias representaciones. La idea era representar una escena en la que se mostraran muchos puntos de vista al mismo tiempo.

Observa el mundo plano

Muchos pintores modernos le han dado una importancia similar a las pinturas como un modelo plano en el que todas las partes tienen igual valor. En sus trabajos, los colores y las formas se sitúan a cada lado de la superficie de la pintura, así como se muestra en la pintura de abajo, en lugar de intentar engañar el ojo y crear la ilusión de espacio.

Observa desde muchos ángulos

Intenta esta propuesta con una pintura de tu cuarto. Este proyecto no consiste en quedarse en un solo sitio y pintar lo que ves con precisión matemática. Camina alrededor de tu habitación y decide cuál es el mejor punto de vista para cada uno de los objetos que quieres incluir. También podrías incluirte en el cuadro.

▲ "Arriba observas un cuadro que yo pinté desde un punto de vista sencillo, con perspectiva lineal. El espacio se define con líneas de entrada que hacen que el frente se vea más grande y la parte de atrás más pequeña".

▶ "Esta pintura involucra diferentes puntos de vista. La parte superior de la mesa se ve desde arriba, la base desde el lado y la vasija de frutas tiene un poco de ambos".

A través de los ojos egipcios

Un ejemplo deslumbrante del método de diversos puntos de vista se encuentra en el arte de los antiguos egipcios, cuyo estilo de pintar ha permanecido casi intacto por 5000 años. La tradición artística de los egipcios representa cosas desde diferentes ángulos, sin tener en cuenta si era o no posible ver estos ángulos en el mundo real. Los artistas sintieron que este método debería expresar, mejor, la esencia de su tema. Por ejemplo, se mostró una cara de lado, pero un ojo se mostró de frente.

Exposición

Tus pinturas siempre se verán mejor una vez les hayas puesto una montura o marco y sean colgadas en una pared. Después de un tiempo en exhibición, verás tu trabajo de forma adecuada.

Cambia tu pintura

Puedes notar que hay algunas cosas de tu cuadro que deseas cambiar o que existen partes que no te gustan; por ejemplo, un color puede aparecer muy brillante o muy opaco. Los cambios a la pintura deben hacerse con precaución, pues si tu pintura es libre y espontánea podrías dañarla al retocarla o modificarla.

Cuándo parar

Juzgar cuál es el momento indicado para parar es una habilidad importante que debes desarrollar. Cuando hayas tomado esta decisión, la pintura ha llegado al final de su viaje.

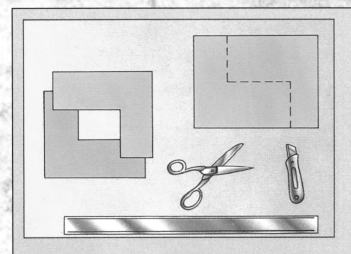

Selecciona tu imagen

Si tu pintura no te parece tan satisfactoria, mejor enmarca parte de ésta. Selecciona la parte que vas a utilizar y te resultará fascinante. Al cortar un par de formas en L (arriba) y moverlas sobre la pintura, puedes aislar una parte de ésta, cambiando el tamaño y la forma de tu composición de una manera muy fácil. Una vez estés contento con ella, mide tu "nueva" pintura para las dimensiones de tu montura.

Ponle montura a tu trabajo

Las monturas deben cortarse iguales en los dos lados; asegúrate de que sea un poco más ancha en la parte inferior que en la superior, como se muestra en la figura de la mitad. Sin embargo, al colgarla se verá desigual. A la mayoría de pinturas le queda bien una montura gris o crema pálido, aunque a veces las de colores son apropiadas. Escoge un color que enfatice el ambiente o los colores de tu cuadro. Evita las de colores brillantes, puesto que pueden llamar más la atención que el mismo cuadro.

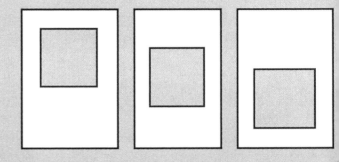

Consejos prácticos

Tu equipo para comenzar

Cualquiera que sea la **pintura** que escojas, necesitarás por lo menos cinco colores; prueba el rojo cadmio, el amarillo cadmio, el ultramarina (azul), el blanco y el negro; si puedes, también, amarillo ocre, verde-azul, ámbar quemado y azul cobalto.

Hay una gran cantidad de **pinceles**, cada uno apropiado para diferentes pinturas. Necesitarás por lo menos tres pinceles para comenzar: dos ásperos, uno grueso y uno delgado, y un pincel fino para detalles. Los precios de los pinceles varían enormemente; los más costosos seguramente durarán más y te darán mejores resultados.

Utiliza una **paleta** para aplicar pintura al óleo o acrílica, a fin de producir trazos fuertes y planos o para crear capas de pintura. Emplea un plato viejo o una tapa de galón de pintura como paleta. Necesitarás agua y algunos recipientes para los adelgazantes.

Prepara tu superficie

Antes de usar óleos o acrílicos, necesitas imprimar tu superficie, a menos que estés utilizando un lienzo preparado. En las pinturas acrílicas utiliza un imprimante para acrílico, y en pinturas al óleo dale a tu superficie una capa de imprimante como la caseína o el *gesso*.

Estira tu papel

Esto puede requerirse si utilizas pinturas solubles en agua. Moja tu papel en agua, ponlo sobre una tabla y estira las ondulaciones con una esponja. Fíjalo a la tabla con cinta de papel craft y déjalo secar.

Agrega adelgazantes

La pintura usualmente se adelgaza o diluye; las acuarelas, aguadas, polvos y pintura para afiches se diluyen en agua; las pinturas al óleo se adelgazan con aceite de linaza, trementina o solventes. Para lograr diferentes efectos, la pintura acrílica puede diluirse con varios líquidos.

Limpia tu equipo

Luego de utilizar pinturas solubles en agua, los pinceles deben lavarse inmediatamente y puestos con los pelos hacia arriba para que sequen. Después de usar aceites, limpia los pinceles con un trapo, lávalos con trementina y por ultimo con agua y jabón. Pon tu pintura al óleo en un lugar seguro para que seque; esto puede tomar algunos meses, y una vez seca aplícale con cuidado una capa de barniz.

Índice